AF391036

Étude de Mᵉ **André de Cagny**, Commissaire-Priseur

24, rue Le Peletier, 24

PREMIÈRE VENTE

En vertu d'ordonnance enregistrée

APRÈS DÉCÈS

DE

M. MÉTAYER

de son vivant, Antiquaire, 11 et 13, rue Guenégaud

PORCELAINES ET FAIENCES

ANCIENNES

HOTEL DROUOT, SALLE Nº 5

Les Jeudi 19 et Vendredi 20 Mai 1892

A 2 HEURES

EXPOSITION PUBLIQUE : Le Mercredi 18 Mai

de 2 heures à 5 heures et demie

COMMISSAIRE-PRISEUR

Mᶜ ANDRÉ DE CAGNY

24, rue Le Peletier, 24

EXPERT

M. VANNES

54, Faubourg-Montmartre, 54

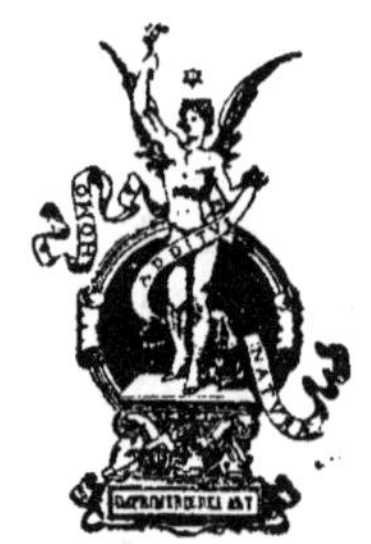

CONDITIONS DE LA VENTE

Elle sera faite au comptant.

Les acquéreurs payeront en sus des enchères *cinq pour cent*, applicables aux frais de la vente.

L'exposition mettant le public à même de se rendre compte de l'état des objets, il ne sera admis aucune réclamation une fois l'adjudication prononcée.

Paris. — Imp. de l'Art, 41, rue de la Victoire.

DÉSIGNATION SOMMAIRE

PORCELAINES ET FAIENCES ANCIENNES

ANCIENNE PATE TENDRE DE SÈVRES

1 — Deux seaux à rafraîchir, surdécorés de bouquets.

2 — Tasse cylindrique et sa soucoupe, fond bleu à bouquets de roses, surdécorées.

3 — Tasse mignonnette à semis de fleurettes, surdécorée.

4 — Deux tasses et soucoupes à bandes alternées rose et bleu, surdécorées.

5 — Deux tasses et soucoupes rubannées bleu et rose, en Sèvres surdécoré.

6 — Tasse et soucoupe mignonnette à guirlandes de roses et de feuillages, surdécorées.

7 — Pot piriforme surbaissé, à couvercle fond
rose, réservé de médaillons contenant des
amours et des attributs, surdécoré.

8 — Tasse et soucoupe cylindrique, fond vert
camélia. surdécorées de scènes marines.

9 — Deux tasses cylindriques et soucoupes,
fond gros bleu, surdécorées de scènes pastorales.

10 — Tasse et soucoupe, fond gros bleu, surdécorées de scènes marines.

11 — Tasse cylindrique, à couvercle et soucoupe, surdécorée d'amours en camaïeu rose.

12 — Deux tasses cylindriques et soucoupes, fond
bleu de roi, surdécorées de roses et de bandes
de perles.

13 — Tasse cylindrique et soucoupe, fond vert
olive réservé de médaillons à fleurs, roses,
pensées et bandes de perles.

14 — Pot confiturier et son couvercle, fond
blanc à médaillons, surdécorés de pastorales,
camélia formant le bouton du couvercle.

15 — **Autre** pot confiturier, fond bleu de roi à médaillons, surdécorés d'oiseaux; bouton camélia au couvercle.

16 — Tasse cylindrique et soucoupe, surdécorées de paysages et de bandes à œils de perdrix sur fond rose.

17 — Tasse et soucoupe, fond blanc, à larges bandes semées de roses et de fleurs sur fond d'or au pointillé.

18 — Tasse et soucoupe, fond blanc semé de roses.

19 — Déjeuner composé d'un plateau, d'un pot confiturier, d'une tasse cylindrique et sa soucoupe et d'un pot à lait, le tout semé de bouquets de roses.

20 — Deux grands seaux à rafraîchir, à guirlandes de roses, modillons à coquilles et plate-bande bleu de roi quadrillée.

21 — Deux tasses et leurs soucoupes fonds blancs, semées de guirlandes de roses, alternées de rubans bleus, bords à dents de loup.

22 — Tasse cylindrique et sa soucoupe, fond blanc, décor en gros bleu chatironné, bords à dents de loups.

23 — Tasse piriforme fond gros bleu, décor de fleurettes en relief et surdécorée.

24 — Tasse obconique et sa soucoupe, décor fond blanc à bandes rubannées et guirlandes de feuillages.

25 — Tasse et son plateau oblong, décor fond blanc semé de fleurs et de larges rinceaux roses chatironnés, bords à dents de loup.

26 — Tasse cylindro-conique, surdécorée de fleurs et de larges rinceaux chatironnés d'ors.

27 — Petit plateau de confiturier, fond bleu de roi, à œils de perdrix et médaillons d'oiseaux, bords à dents de loup.

28 — Tasse mignonnette et sa soucoupe, à bandes de roses et guirlandes de feuillages.

29 — Confiturier et son couvercle semé de fleurs sur fond blanc.

3o — Tasse trembleuse avec son couvercle et sa
soucoupe, surdécorée de roses en bandes sur
fond haché d'or ; pêche dorée formant le
bouton du couvercle.

3¹ — Cinq soucoupes de différents décors.

3₂ — Grand vase tripode en porcelaine de
Vienne, fond blanc semé de fleurettes.

33 — Aiguière et son bassin en pâte tendre de
Sèvres sans décor ; monture en argent doré.

3₄ — Vase pot pourri en ancienne pâte tendre
de Tournai, enguirlandé de branchages,
monté sur un rocher, à côté d'un tronc
d'arbre.

35 — Confiturier quadrillé en ancienne pâte
tendre de Chantilly, décoré de bouquets ; une
rose forme le bouton du couvercle.

36 — Seau en pâte tendre de Sèvres fond blanc,
surdécoré de bandes gros bleu.

3₇ — Deux cache-pots cylindriques en vieux
Chine, famille dite rose ; l'un d'eux est frac-
turé.

38 — Vase en vieux Chine à anses.

39 — Paire de cornets en vieux Chine.

40 — Douze assiettes en pâte tendre de Sèvres,
surdécorées de motifs d'oiseaux, à marlis
gaufrés, fond bleu de roi, bords à dents de
loups.

41 — Cinq assiettes en pâte tendre de Sèvres,
surdécorées de bouquets; le marli est à
parties gaufrées en quadrillé.

42 — Neuf assiettes en pâte tendre de Sèvres,
surdécorées de bouquets de roses; les marlis
sont à listels bleus.

43 — Six assiettes en pâte tendre de Sèvres,
surdécorées de roses et de dahlias, double
listel bleu aux marlis gaufrés.

44 — Confiturier à trois compartiments, en ancienne pâte tendre de Sèvres blanche, bords
à dents de loup en or.

45 — Deux plateaux d'aiguières en pâte tendre
de Sèvres, décors à fleurs.

46 — Deux petits plateaux quadrillés en ancienne pâte tendre de Chantilly.

47 — Deux bouteilles carrées en ancienne porcelaine d'Ovari.

48 — Soupière à couvercle en vieux Chine.

49 — Paire de grands cornets en porcelaine du Japon.

50 — Sept bols en ancienne porcelaine de Chine.

51 — Paire de grands vases balustres en vieux Chine, décoré en relief de fleurettes. L'un des vases a été coupé au col.

52 — Grand cornet en vieux Chine.

53 — Paire de petites potiches en vieux Chine.

54 — Grosse potiche à couvercle en vieux Japon.

55 — Paire de potiches à couvercles en vieux Chine, famille rose.

56 — Paire de grosses potiches en vieux Japon à couvercles.

57 — Cornet en vieux Japon, décor bleu.

58 — Paire de potiches forme balustre, côtelées, et à couvercles.

59 — Paire de grands cornets en vieux Japon, côtelé.

60 — Grosse potiche à couvercle en vieil Ovari.

61 — Grosse potiche en vieux Chine, famille dite verte.

62 — Paire de grosses potiches en vieux Chine, Kien-long.

63 — Paire de potiches en vieux Chine, famille dite verte.

64 — Potiche à couvercle en vieux Chine.

65 — Potiche en vieux Chine, décorée d'oiseaux.

66 — Potiche en vieux Chine, décorée de chrysanthèmes.

67 — Deux vases surbaissés en vieux Chine, famille dite rose.

68 — Vase en vieux Chine décoré de fleurs de lotus.

69 — Vase rond en vieux Chine.

70 — Trente-quatre potiches en vieux Japon. Ovari.

71 — Vingt-cinq vases divers de forme et de décor, en vieux Chine et vieux Japon.

72 — Vingt-neuf pièces : pots à gingembre, bouteilles, en vieux Japon.

73 — Trente-cinq pièces diverses : grosses potiches, grandes bouteilles et cornets, en porlaine et faïence diverses.

74 — Cinquante-sept pièces : cornets, potiches grosses et moyennes, cornets, vases de diverses formes. en Japon, Chine et vieux Delft.

75 — Vingt-neuf pièces diverses en faïence et porcelaine : pots à couvercles, bouteilles, cornets, etc.

76 — Neuf pièces en vieux Delft, potiches hexagonales, décor bleu,

77 — Vingt potiches en Delft.

78 — Grande potiche à couvercle en vieux Japon.

79 — Autre grosse potiche en vieil Ovari.

80 — Environ cent cinquante petites soucoupes de la Chine et du Japon.

81 — Environ cinquante tasses en vieux Chine et vieux Japon.

82 — Quinze plats et assiettes de décors différents.

83 — Grosse potiche en vieux Japon.

84 — Cuvette de bidet en porcelaine de la Compagnie des Indes.

85 — Grand et beau plat en pâte tendre de Sèvres, surdécoré d'oiseaux, de guirlandes rubannées ; le marli est lobé de médaillons décorés de fleurs ou d'oiseaux.

86 — Deux plats en pâte tendre de Sèvres, à fleurettes.

87 — Six assiettes en Sèvres surdécorées, marlis chantournés.

88 — Trois assiettes en Sèvres décorées de fleurs, listel bleu au marli.

89 — Petit plateau d'aiguière en ancienne pâte tendre, lobé et surdécoré de quatre parties bleu de roi ; au centre, attributs, flèches, carquois.

90 — Autre plateau semblable au précédent.

91 — Autre petit plateau surdécoré d'oiseaux ; le marli est bleu de roi, le bord est à dents de loup.

92 — Vingt potiches en vieux Delft, décor polychrome avec et sans couvercles.

93 — Grand plat chantourné en pâte tendre de Sèvres, décor à fleurs.

94 — Grand plat en porcelaine de la Compagnie des Indes, l'écusson au centre.

95 — Quantité de pièces diverses en anciennes pâtes tendres de Sèvres, Chantilly, Saint-Cloud : assiettes, vases, plats, couvercles, etc., la plupart en blanc.

www.ingramcontent.com/pod-product-compliance
Lightning Source LLC
LaVergne TN
LVHW010253210726
843508LV00019B/1322